DE LA

POLITIQUE GÉNÉRALE

A SUIVRE PAR LA FRANCE.

QUATRE LETTRES

AU JOURNAL L'*ESPÉRANCE*, COURRIER DE NANCY,

ET

RÉPONSE DE L'*ESPÉRANCE*.

Voir les choses comme elles sont.
NAPOLÉON.

NANCY,

VAGNER, LIBRAIRE-ÉDITEUR,
Rue du Manége, 3.

—

1847.

POLITIQUE GÉNÉRALE

A SUIVRE PAR LA FRANCE.

Première Lettre

A MM. LES RÉDACTEURS DE *L'ESPÉRANCE*, *COURRIER DE NANCY*.

Nancy, le 19 Janvier 1847.

MESSIEURS,

En des occasions diverses, vous avez énoncé dans votre journal, sur les fautes du Ministère et sur celles de l'Opposition, sur les conseils sages ou fous que l'on donne à la France, sur la nécessité pour elle de suivre une ligne qui soit indépendante et digne, sans tomber dans la témérité ; vous avez, dis-je, énoncé beaucoup de vérités partielles. Mais, quant à la manière de les coordonner, d'en tirer un corps de doctrines positif, pratique, applicable aux résolutions à prendre, — quelque chose, ce semble, vous reste à faire ; du moins plusieurs de vos lecteurs le pensent. Car je les ai vus ne pas s'accorder entre eux sur la manière d'entendre votre politique générale ; je les ai vus se diviser sur la question de savoir ce qu'en réalité vous décideriez que l'on doit faire demain, si demain vous étiez maîtres de suggérer au Cabinet des Tuileries les résolutions qu'il aurait à prendre. Votre impartialité n'est pas mise en doute par les abonnés dont je parle, et moins encore méconnaissent-ils la grandeur et la noblesse de vos intentions finales, si bien révélées surtout par la belle conclusion de votre article du 14 janvier. C'est seulement la liaison de vos idées qui leur échappe quelquefois, n'étant peut-être pas toujours assez marquée. Après que vous avez signalé toutes les erreurs, ils voudraient vous voir donner, de ce qui vaut mieux, selon vous, — de ce qui doit, à votre avis, y être substitué, — une indication plus formelle.

Voulez-vous me permettre, messieurs, d'exposer comment, à peu près, un certain nombre d'entre eux cherchent à se former une synthèse, en remplissant à leur manière les lacunes de l'*Espérance*? Leurs aperçus, si je ne me trompe, ne divergent pas sensiblement des vôtres : ils les précisent et les complètent, plutôt qu'ils ne s'en éloignent.

I.

Avant tout, quel est l'état du monde? et pourquoi s'occupe-t-on tant du rôle externe à choisir par notre patrie? Pourquoi ne peut-elle pas, au lieu de s'inquiéter du cours des choses, s'asseoir en paix et *voir venir*? Pourquoi, soit qu'il s'agisse ou de son isolement ou de ses alliances, n'y a-t-il guère pour elle, dans les partis à prendre, qu'une option, toujours désagréable, entre des inconvénients plus ou moins grands?

C'est que le temps n'est plus où Paris, pourvu qu'il fût bien gouverné, tenait les clés de la diplomatie, disposait de la marche des affaires, et pouvait, comme l'a dit le Grand Frédéric, ne pas laisser sans sa permission un coup de canon se tirer en Europe. C'est que la France, il faut en convenir, est déplorablement amoindrie.

On aimerait à pouvoir se le dissimuler; mais qu'y gagnerait-on? de se trouver pris au dépourvu. Ce que nos adversaires ne savent que trop bien, il convient que nous le sachions aussi. L'illusion a ses dangers; et, pour adopter une bonne marche, pour avoir un juste point de départ, force nous est d'examiner où nous en sommes.

II.

Hélas oui, messieurs, la France est amoindrie ; soit au sens absolu, soit au sens relatif.

Au sens *absolu*, d'abord, non seulement si nous prenons pour mesure le règne de Napoléon, voire même celui de Louis XIV, mais quand nous voudrions ne jeter les yeux que sur une carte d'il y a cent ans, et y voir les États sur lesquels dominait l'arrière-petit-fils du grand roi. — Oui, sous Louis XV, en 1750, au temps de la frivolité et des maîtresses, nous possédions, au-delà de notre territoire actuel :

Dans l'ancien monde, l'île de France, ce grand port militaire situé à l'entrée des mers de l'Inde, et vingt-cinq millions de vassaux ou d'amis à l'entour de Pondichéry ;

Dans le nouveau, l'opulente terre de Saint-Domingue, avec la Louisiane et le Canada, — c'est-à-dire, par Québec et la Nouvelle-Orléans, le cours du Saint-Laurent et du Mississipi, les deux artères de l'Amérique du Nord.

Au sens *relatif*, nous sommes bien plus diminués encore; car à tout ce que nous avons perdu, soit par nous, soit par nos alliés naturels, il faut ajouter tout ce que nos rivaux ont gagné.

La Suède, la Turquie, la Perse, n'étaient pas entamées; Venise, la Pologne existaient; la plus grande partie de la Tartarie conservait son indépendance; l'astre de Pétersbourg n'avait point réduit à graviter dans son orbite les Valaques et les Moldaves. De pacifiques duchés, d'inoffensifs électorats ecclésiastiques, étaient vos voisins sur le Rhin. L'Espagne, aussi attachée à nous par des périls communs que par le pacte de famille, possédait encore une flotte de premier rang, des ports admirables, et, depuis le Rio de la Plata jusqu'aux frontières septentrionales du Nouveau-Mexique, dix-neuf cents lieues de colonies sans révolte, où l'on parlait castillan. L'Angleterre, qui n'avait point Maurice, n'occupait non plus ni Malte, ni le Cap de Bonne-Espérance; en Asie, elle ne gouvernait qu'une faible partie, à peine le demi-quart, des cent millions de sujets ou de feudataires (car tel en est le chiffre) qui aujourd'hui, tant au Bengale que dans les deux péninsules indoues, obéissent à ses volontés. La Prusse comptait six millions d'hommes : elle en a quinze. La Russie trente millions : elle en avoue déjà soixante.

III.

Cette décadence, résultat (au moins en apparence) de la guerre de Sept Ans, a commencé à se déclarer par la paix de 1763, où nous perdîmes le Canada, et depuis laquelle nous n'avons plus rien acquis, — du moins qui nous soit demeuré, ou qui ait accru notre force [1].

Elle fit de nouveaux progrès par les partages de la Pologne.

Nous avions paru nous relever un peu, — moralement, sinon matériellement, — à la suite de la guerre maritime qui avait eu lieu sous Louis XVI, lorsque tout à coup les troubles révolutionnaires vinrent nous imprimer leur élan, puissant comme l'ardeur fiévreuse, et malheureusement passager comme elle. — Nous battîmes l'Europe entière, nous envahîmes toutes les capitales.... Mais l'important n'est pas de prendre : il faut garder. Or, des conquêtes de la République ou de l'Empire, pas un village ne nous est resté; et, tandis que tous les forts s'enrichissaient des dépouilles de tous les

---

[1] La Corse, qu'il faut défendre par des garnisons en temps de guerre, ne vaut pas la peine qu'on en parle comme d'un gain; et quant à la Lorraine, ce n'est que pour la forme qu'on en date l'acquisition de 1766. En fait, on la tenait sous la main depuis 1737.

faibles, c'est à grand'peine que nous pûmes retrouver nos frontières de quatre-vingt-douze.

IV.

Je n'examine point si pareil affaissement n'a pas de causes séculaires, et si des hommes à longue vue n'eussent pas pu le pronostiquer, dès l'époque, déjà bien ancienne, de progrès aussi peu prudents que peu équitables. Il y aurait trop à dire, en effet, si l'on voulait remonter à la mise en jeu, parmi nous, de ce machiavélisme dont furent jadis les fauteurs tels qui en sont devenus les victimes, et si l'on voulait montrer, par exemple, combien passait pour *chimérique* [1] quiconque, rendu clairvoyant par les lumières d'un christianisme sérieux, savait répondre au prétexte des *besoins* d'une politique scélérate : « On n'a jamais *besoin* du bien d'autrui. »

Autant il est hors de doute que nous avons tout perdu aux trois partages de la Pologne, et au triomphe qu'ils manifestaient du principe de la FORCE BRUTE, arrivée à son dernier cynisme : autant une étude approfondie de la conduite qu'avaient tenue depuis le seizième siècle presque tous les chefs de la France, nous ferait voir, par malheur, le Cabinet de Paris préparant avec une déplorable persévérance le triomphe de cet odieux principe, par une longue série d'actes déloyaux qui démoralisaient à fond la politique.

Lorsqu'au lieu d'imiter Charles-Quint, empereur imparfait, mais qui du moins représentait encore la Civilisation et savait délivrer de la chaîne et de la verge musulmane vingt-deux mille esclaves européens, — François Ier, foulant aux pieds son titre de monarque *très-chrétien*, osait se faire l'ami des propagateurs de la polygamie et de la peste ; osait favoriser les conquêtes des Turcs, alors encore dans tout leur fanatisme et dans toute leur férocité ; que dis-je ? osait s'allier non seulement avec ces empaleurs, mais avec leurs pirates même, avec les forbans d'Algérie ;

Lorsque ce prétendu *roi chevalier*, lequel, si différent de l'honnête roi Jean, faussa pleinement sa parole envers les Espagnols ; ce prince porté au pinacle par des gens de lettres et des artistes dont il se faisait le valet [2], ne rougissait pas d'encourager sous main,

---

[1] Expression fameuse de Louis XIV, sur Fénélon, dont la probité ne lui faisait l'effet que d'une folie.

[2] Jamais les princes ne furent plus avides d'absolutisme qu'au seizième siècle ; jamais ils ne firent plus de frais, aussi, de fausse popularité. L'un d'eux présentait à boire à Léonard de Vinci, l'autre ramassait le pinceau du Titien, un troisième rimait des madrigaux pour Ronsard. De tels faits, où l'on s'imagine apercevoir une belle couleur égalitaire, sont les actes,

d'exciter et de soudoyer en Allemagne, les Protestants, qu'il avait la basse cruauté de supplicier à Paris ;

Lorsque, pour recueillir le fruit des troubles qu'on avait semés, Henri II, qui se fit l'héritier de la politique et de la maîtresse de son père, — Henri II, qui, bravant toute pudeur, et même toute convenance simplement humaine, fit sculpter des chiffres adultères jusque dans le chœur de la chapelle de Chambord, — s'en venait rôder aux bords du Rhin, y protéger toutes les intrigues, y donner hardiesse à tous les hommes tarés, — et parvenait ainsi à s'introduire en hypocrite dans les villes des Trois Évêchés.., où l'on resta, grâce au droit de la corde, en faisant pendre qui réclamait, et achevant par la terreur ce que la ruse avait commencé ;

Lorsque Richelieu et Mazarin, — pour déchirer le corps germanique afin d'en accaparer quelque lambeau, — foulaient aux pieds non seulement la religion, mais l'honneur et l'humanité, en appelant, en soutenant, les bêtes féroces du roi de Suède et les enfants perdus du Rhingrave.., tous les incendiaires des temples, tous les égorgeurs des populations catholiques ;

Lorsque, sous Louis XIV, on préparait indignement le vol de l'Alsace et de la Franche-Comté, en y payant la trahison à beaux deniers comptant ; — on se décidait, de sang-froid et par calcul, à traiter le Palatinat, comme jadis Attila et ses Huns ne traitèrent pas les Gaules ; — on avait l'effronterie d'associer à la marine de France LA BANDE DES ASSASSINS FLIBUSTIERS, pour aller avec eux piller Carthagène ; les y laissant, après soi, maîtres de violer et de torturer à leur gré cette ville chrétienne ;

Lorsque plus tard, et sous Fleury, on stimula, contre toute espèce de droit, contre les promesses les plus récemment signées, l'ambition de la Bavière et de la Prusse ; on se fit le complice de ces deux puissances, de manière à diviser assez profondément l'Allemagne pour qu'elle n'ait plus jamais été capable de se bien réunir depuis :

Que voulaient nos hommes d'Etat ?

Abaisser, disaient-ils, les maisons rivales ; augmenter ou le territoire ou l'ascendant de la France. — Au fond, réussir à tout prix, sans reculer devant l'emploi d'aucun moyen, sans avoir honte d'aucune cruauté ni d'aucune perfidie.

On a ébranlé, décomposé, fait périr, ce grand corps, à mou-

fort peu nobles au fond, de gens qui flattaient pour être flattés. Ces sortes d'amabilités-là, les despotes les ont volontiers, auprès des gens qui disposent de la renommée. *Omnia*, comme dit très-bien Tacite, *omnia* SERVILITER *pro dominatione.*

vements lents, à masse imposante, si impropre à l'attaque, si précieux pour la résistance, qui se nommait le Saint-Empire : corps à qui sa nature non envahissante, ses lois constitutionnelles compliquées, bien éloignées de notre despotisme d'alors, n'eussent jamais permis de nuire à la France, car rien n'était moins entreprenant que lui, — mais qui, réuni à la Pologne, nous eût servi d'un auxiliaire invincible contre la colossale autocratie du Nord, si nous-mêmes, d'avance, nous ne l'eussions affaibli, ruiné, conduit à mort, par la dague et par le poison.

A ses malheurs, à sa débilité croissante, nous avons gagné quelques provinces, dont il possédait ou la souveraineté ou le patronage ; mais nous y avons perdu cette sécurité, trop peu sentie, que nous donnait la cohésion de l'Europe ; mais nous avons détruit par là, cette fraternité foncière, résultat de croyances communes, qui, malgré des guerres nombreuses, subsistait plus ou moins au sein de la *République chrétienne ;* mais nous avons enseigné au monde, nous les premiers, à mépriser comme un préjugé, comme une duperie, ce sentiment de haute moralité, de respect pour la foi promise, dont, aux siècles de Louis-le-Gros, de saint Louis et du roi Jean, nous étions les représentants notoires.

<h2 style="text-align:center">V.</h2>

Grâce à Dieu, les choses ont changé. Ramenés par l'excès du mal, par les leçons de l'expérience, à *comprendre* une partie des vérités que nous *sentions* au temps des Croisades, nous revoici à la tête des bonnes causes, et placés en opposition à ceux qui les trahissent. A présent, pleins de sympathie pour les infortunes de la Pologne et de l'Irlande, destructeurs du nid de la piraterie et civilisateurs futurs de l'Afrique, libérateurs des Belges et des Grecs, affranchisseurs sincères des Nègres, sauveurs des missionnaires au Tonking, et des enfants sans mère à la Chine, nous épousons tous les intérêts élevés et moraux. Le noble drapeau de la France n'est plus désormais celui de la cupidité, de la violence et du mensonge.

<h2 style="text-align:center">VI.</h2>

Mais les faits accomplis sont là : le dédain des lois de conscience, l'inique *droit du plus fort,* que nous avions tant et si longtemps travaillé à faire prévaloir, s'est finalement assis, établi, intronisé. Or, à qui a-t-il profité ? A coup sûr, ce n'est pas à nous.

Rouages avantageux de la machine européenne, dont ils contribuaient à régler la marche selon le cours de la justice, — ou, tout au moins, coussins utiles et regrettables, qui adoucissaient bien des frottements, — les puissances de second et de troisième ordre ont presque toutes disparu : le triste signal que nous avions donné, de les englober, n'a été que trop entendu. Il ne reste plus guère, en nom, que des nations du premier rang.

Maintenant, jetons un regard sur le monde. Parmi les survivants, il n'y a de non renforcés, il n'y a d'Etats à qui ne soit échue aucune augmentation de pouvoir, que la France... et ceux qui pourraient aujourd'hui lui venir en aide.

On n'ira point s'abuser, je pense, jusqu'à regarder comme un accroissement de vigueur, messieurs, une circonstance qui nous affaiblit : la possession de l'Algérie. — Ce n'est pas à dire, du tout, qu'il convienne de l'abandonner. Notre belle patrie ne saurait renier la mission, que lui donne la Providence, d'affranchir de la barbarie les côtes de la Méditerranée; de restituer à la civilisation chrétienne le berceau de Tertullien et de saint Augustin. Mais ce droit, ce devoir, cet honneur, n'est pas UNE FORCE, — une force matérielle, du moins.— On ne peut ajouter qu'à la liste de nos charges, et non à celle de nos ressources, une colonie qui, malgré l'immensité de ses espérances éloignées, ne nous fournit pas un soldat, et nous en réclame, même en temps de paix, quatre-vingt mille.

VII.

A présent, et dans la situation des choses, qu'y a-t-il à faire, de mieux... ou de moins mal?

Cet examen, si vous le voulez bien, sera l'objet d'une seconde lettre.

Mais, d'avance, chacun doit sentir, en y réfléchissant un peu, que le vrai moyen de salut ne consiste pas à nous diviser en présence de l'Etranger, ni à déblatérer contre un gouvernement qui, n'ayant déjà pas trop, pour résister aux ruses ou aux menaces du dehors, de tout l'assentiment du pays, me semble, dans le défilé que nous traversons, avoir moins besoin d'entraves que d'appui et de bons conseils. Que, dans les temps ordinaires, on apporte peu de réserve à la dispute : dans les temps de crise, et quand il y va de l'honneur commun, c'est patriotique sagesse que de ne point abasourdir par des clameurs, au risque de leur faire perdre la tête, ceux qui ont la tâche périlleuse de porter le drapeau.

Seconde Lettre.

23 Janvier 1847.

MESSIEURS,

Au seizième siècle, deux énormes puissances se tenaient accroupies en regard, l'une à l'orient, l'autre à l'occident de l'Europe : elles s'appelaient la Turquie et l'Espagne.

Selon l'ingénieuse remarque de Victor Hugo, qui d'ordinaire ne voit pas si juste, deux autres leur ont succédé presque aux mêmes lieux, en remontant seulement de quelques degrés de latitude vers le nord : elles se nomment la Russie et l'Angleterre.

Ainsi que celles dont elles ont pris la place politique, elles représentent l'une le fer, et l'autre l'or.

Par son orthodoxie, sans doute, la couronne de Castille et de Léon, réunie à celle d'Arragon, possédait, au delà de sa richesse, alors la première du monde, un caractère élevé que n'a pas la couronne des trois royaumes britanniques ; il n'y a rien, dans l'attitude de l'Angleterre, qui corresponde au magnifique rôle de l'Espagne à Lépante. Mais on ne considère ici que l'une des faces de la question.

La Russie, l'Angleterre : voilà les pôles d'attraction vers lesquels, naturellement, et sauf résistance, semblent devoir être un jour entraînées toutes les parties de l'Ancien Monde. Or, nous n'habitons pas le Nouveau.

I.

Des deux colosses dont il s'agit, messieurs, à ne consulter que nos premiers mouvements, c'est, comme on dit, *la perfide Albion*, qui, sans doute, nous plairait le moins. De longs siècles d'antagonisme ont, pour ainsi dire, fait passer dans notre sang l'instinct des reproches dont la poursuivaient nos pères. Une série de guerres plus récentes, durant lesquelles elle aigrissait nos discordes au dedans, et nous suscitait sans cesse de nouveaux embarras au dehors, nous a portés à la considérer, vingt-deux ans, comme une furie acharnée à notre perte ; et, quand a fini ce duel à mort, nous l'avons d'autant plus détestée, que, sur tant de combats livrés par nous pendant ce temps à nos divers ennemis, la seule bataille que nous ayons tout-à-fait perdue, c'est elle qui se vante de l'avoir gagnée. Depuis la paix, il nous a été difficile d'oublier sa vieille rivalité militaire et maritime à notre égard, parce que, dans la concurrence mercantile dont nous avons à souffrir de sa part.., quand ses bâtiments et les nôtres se sont rencontrés, bien des froissements personnels ont eu lieu, à raison de l'impolitesse de ses équipages.

II.

Beaucoup s'en faut que nous ayons autant de fois, et d'autant de façons, lutté contre l'Empire moscovite ; aussi l'aversion pour celui-ci n'est-elle en France ni profonde ni proverbiale. Ses crimes ne sont connus que des hommes instruits ; sa progression menaçante ne frappe que les penseurs. Le seul de ses souverains qu'on ait vu de près en Occident, — phénomène passager, trompeur, — prince tout exceptionnel, qui n'avait de russe que l'habit, — Alexandre... a fasciné les yeux ; il a donné, des Slaves roxelans, une idée embellie et fausse.

D'ailleurs, aussi fine que forte, la Russie n'a point la morgue britannique. Trop solidement ambitieuse pour convoiter les apparences du pouvoir, dont elle veut LA RÉALITÉ, elle n'a garde de troubler, par des provocations irritantes, les crédules persuasions de qui la suppose lourde et pacifique ; de qui ne s'épouvante pas d'elle, faute de la rencontrer sur son chemin. Le formidable organisme du Nord travaille en silence chez lui, et, de préférence, sur ses derrières. Pendant que sa puissance grandit, que ses flottes et ses armées s'augmentent, que ses arsenaux se remplissent ; que ses colonies militaires, ses enrôlements de vassaux jadis libres, ses routes, ses constructions, ses manufactures, — ses mines d'or exploitées dans l'Oural, ses plantations au bord de la mer Caspienne et de la mer Noire, — lui permettent d'amasser des ressources toujours croissantes : le géant, d'autant moins pressé d'agir qu'il est plus sûr des résultats, le géant se fait doux et bonhomme ; au besoin, il se ferait bête. — A d'autres, moins madrés que lui, de se complaire dans la bravade ! Qu'ils se posent en rodomonds, et livrent ainsi leurs secrets avant l'heure : lui, jamais il n'insulte personne.., jusqu'au jour où, tenant les gens sous sa main, il peut, avec un rire sardonique, les déchirer, les hacher à coups de fouet.

III.

On sent dès lors, messieurs, et il va sans dire, que les avocats d'un tel client ont belle chance sur le pavé de Paris.

Pour mieux voir encore combien ils doivent y être nombreux, — là comme dans toutes les capitales, — il faut, en outre, songer que la plupart, à leur insu, reçoivent le mot-d'ordre de meneurs habiles, dont leur candeur ne sait pas *quel genre d'arguments* entretient le zèle.

Une chose mériterait d'être plus connue, et la voici. Tandis que nos gouvernements constitutionnels, pour leurs dépenses secrètes, arrachent avec peine aux Chambres, lors de chaque session, trois chétifs millions, qui font jeter les hauts cris, — le Czar, lui, prélève pour le même objet, sur les finances de ses Etats, dix, douze, quinze millions s'il le faut, dont personne ne lui demande compte. Aussi la diplomatie russe, indépendamment de son art et de ses traditions savantes, est-elle servie comme ne l'a jamais été aucune autre. Aussi, la police russe, si redoutable chez elle, n'est-elle pas moins bien informée au dehors ; et ses espions, répandus partout, en savent plus, sur les pays où ils habitent, que les fonctionnaires de ces pays même.

IV.

Laissons cela. Quelque disposition qui puisse régner dans les esprits, est-ce vers vers le pôle moscovite, ou vers le pôle anglais, que la France, toutes préventions ou antipathies à part, peut, tourner sa boussole, je ne dis pas avec le moins de désagrément, mais avec le moins de danger ?

Pour bien juger du péril que doivent nous faire courir un jour, suivant que nous les aurons aidées à se corroborer, l'une ou l'autre des deux puissances, — occupons-nous peu de leurs déclarations, fixons l'œil sur leurs intérêts. Les indications de cette aiguille, en politique, sont le signe qui trompe le moins.

L'Angleterre a-t-elle intérêt à nous primer ? — *Oui.* — A nous détruire ? — *Non ;* car, en le faisant, elle se nuirait à elle-même.

La Russie a-t-elle intérêt à nous primer ? — *Oui.* — A nous détruire ? — *Oui* aussi ; car cela concorde avec ses plans futurs, de domination universelle.

Il n'en faut déjà pas davantage ; et, malgré toutes les belles phrases dont on pourra venir embrouiller la question, le bon sens la résout ; il décide de la préférence.

V.

Toutefois, et si on le veut, Messieurs, descendons à quelques détails.

L'Angleterre, disent les czaristes, veut plus que personne nous mettre à mort. — Comment cela ? — Parce qu'elle nous contrarie sans cesse. — Contrarier n'est point assassiner ; il y a loin d'un chicaneur à un meurtrier.

— Mais c'est préparer notre chute, réplique-t-on, que de nous avilir en nous amenant à des concessions perpétuelles. Or Albion est infatigable à en demander ; elle ne recule jamais, et c'est nous qui plions toujours.

— Je sais que nos journaux le disent, et que la chose nous apparaît ainsi. Seulement, les feuilles de Londres disent l'inverse, et la Grande-Bretagne regarde comme ayant été *terminées à son détriment* ses petites querelles avec nous.

Au fond, les principaux reculs imposés dans les dernières années par le maintien de la bonne harmonie, ont-ils eu lieu de notre côté, ou du côté des Anglais ? Voilà ce qu'il faut voir, de bonne foi et sans s'échauffer. Est-ce, par exemple, d'après les désirs de leur parlement, *ou du nôtre*, qu'a été remanié, quoiqu'il ne fût pas expiré, un traité dont ils avaient droit de réclamer la stricte exécution...? le traité de visite réciproque. — Et, malgré vingt ou vingt-cinq mille francs, promis pour fiche de consolation au banni, est-ce les Anglais qui ont expulsé de l'Océanie un de nos consuls ? ou bien *nous* qui avons chassé d'O-Tahiti *le leur* ?

— Au moins ne nous ont-ils secondés en rien, malgré l'apparence du bon accord. — Soit, pourrait-on répondre aux russophiles. Encore, ce *soit* ne serait-il pas juste. Sauf les moments où le cabinet de Saint-James a suivi l'impulsion d'un certain ministre brouillon, qui l'entraîne quelquefois, nos anciens rivaux ont en général agi, depuis 1850, en hommes réconciliés avec nous. Sans négliger de se faire la part belle, et de placer leurs intérêts avant les nôtres (car c'est une nation marchande), ils nous ont aidés en diverses choses. Les affaires de la Plata, et plusieurs autres, les ont vus nous prêter leur concours.

— Bah ! leur concours est une trahison, et l'Angleterre, dans les quinze ans de son pacte avec nous, n'a fait que se montrer double et perverse. — Exigeante et froide, oui peut-être ; mais perverse, comment se hasarde-t-on à l'assurer ? Loin d'en avoir acquis des preuves, nous tenons en main des témoignages de sa droiture (au moins sur un chapitre), et c'est le hasard qui nous les a fournis :

Lors de nos démêlés avec le Maroc, elle nous proposa d'intervenir ; elle nous déclara qu'elle allait presser Abdou'r-Rahman d'accepter notre ultimatum. On ne voulut pas la croire sincère ; son consul, selon nos journaux, devait nécessairement insinuer aux Marocains le contraire de ce qu'il nous disait leur écrire. Eh bien, voici que nous livrons la bataille d'Isly : la tente du prince musulman tombe en notre pouvoir, sans qu'il ait eu le temps de rien sauver... Or, que découvre-t-on dans sa cassette particulière ? Parmi divers papiers, les lettres du consul d'Angleterre ; — et ces lettres confidentielles, donnant à la défiance française un éclatant démenti, se trouvent exactement conformes à ce qu'avait toujours annoncé leur signataire.

Étonnante ou non, la chose est vraie. Pourquoi, dès lors, continuer à parler du même ton que si elle était fausse ? Allons, messieurs, un peu de courage à secouer le joug de la routine ! Sachons voir ce qui est ; sachons proclamer la vérité.

VI.

Quand on demande avec dédain « ce que nous avons gagné à l'alliance anglaise, » je ne sais si l'on se comprend bien.

Veut-on dire par là que nous n'avons rien gagné *sur l'Angleterre ?* Oh ! c'est très-juste. Mais un pareil sujet de mécontentement n'est pas plus fondé que n'est fondée la mauvaise humeur des Anglais, lorsqu'ils se demandent aussi « ce qu'ils ont gagné à l'alliance française. » Rien, à coup sûr, s'il fallait que leur bénéfice fût pris *aux dépens de la France.*

Ce que les deux Etats, à la fois, ont gagné à leur union, c'est... DE N'AVOIR RIEN PERDU : résultat modeste, j'y consens ; résultat qui néanmoins, dans une autre combinaison, n'était nullement assuré.

VII.

Mais, à contracter avec la Russie une alliance offensive et défensive, n'aurions-nous pas la chance d'un gain réel, autre que la stabilité ?

Oui certes, messieurs, dans les premiers temps ; et même plus que la chance : nous en aurions la certitude. Le bon joueur de dames, lorsqu'il prépare un coup de partie, livre des pions à son adversaire. On nous en donnerait à prendre.

Vrais héritiers du Bas-Empire, — dont ils ont tout, hormis la vieillesse, — les Russes sont grecs de religion, grecs de traditions, grecs de gouvernement, grecs de conduite ; et lorsqu'ils présentent quelque chose, c'est au bout d'un hameçon caché, pour mettre dans leur dépendance le poisson qui aura gobé l'appât. Tous leurs cadeaux, quand ils en font, ressemblent à celui de Cracovie. Ah ! bien candide est le pays qui ne s'écrie pas, à l'offre de leurs funestes faveurs : *Timeo Danaos, et dona ferentes ;* « je crains les Grecs jusque dans leurs présents. »

Voulez-vous savoir le prix dangereux que Pétersbourg, dès notre première envie, nous accorderait sans balancer, pour peu que nous consentissions à nous faire ses complices en trahissant la cause européenne? — La possession de la ligne du Rhin..., et la haine des Allemands.

Que dis-je, la ligne du Rhin? Celle du Wéser, si nous la voulions.

Plus encore : celle de l'Elbe, — si, travaillant, avec l'ardeur qui nous est propre, à démolir ce qui reste du mur germanique, tandis que les Slaves le battraient en brèche de leur côté.., nous étions assez fous pour accepter l'Elbe comme frontière, et laisser l'autre rive à la Russie.

A quoi bon, en effet, nous marchander une si passagère fantaisie? A quoi bon, pour quelques années, ne pas nous laisser goûter, comme des enfants, la satisfaction tout entière? Rome, lorsqu'elle s'avançait jour par jour à la conquête du monde, ne refusait rien aux auxiliaires qui lui servaient à ruiner un ennemi, — jusqu'à ce que, celui-ci une fois bien mort, elle les renversât à leur tour. Les rusés accapareurs du Nord, dans leur infatigable patience, ne visent, qu'à détruire successivement, n'importe de quelle manière et sous quelles conditions, toute puissance un peu réelle qui les sépare encore de nous. Qu'il n'y ait plus sur le Continent que le Panslavisme et la France..., ils ne demandent pas davantage. Une fois la partie réduite à ces deux joueurs, on sait bien qui la gagnerait.

VIII.

Encore un coup, messieurs, est-il permis d'établir la moindre balance entre les malheurs et les hontes d'une association si fatale, avec un peuple qui ne nous embrasserait que pour nous étouffer, — et les tracasseries ou les ennuis que peut nous causer, dans des rapports fréquents, la compagnie d'un peuple égoïste, boudeur, difficile à vivre?

Pour des chrétiens surtout, pour des hommes qui se rendent compte de la valeur et de la dignité de l'âme, n'y a-t-il pas manque de justice évident, énorme, à ranger dans la même classe une nation chez qui peut librement se formuler toute conviction morale, avec la race qui opprime et fait avorter toute pensée! N'est-il pas révoltant de placer presque de niveau, dans nos appréciations, le gouvernement, protestant j'en conviens, mais décent, tolérant, éclairé, dont les pseudo-prélats sont au moins graves, et qui d'ailleurs laisse la foi romaine se répandre sans entraves d'aucune sorte, même par les colléges.., avec le pouvoir, grossièrement schismatique, — ou plutôt païen, anthropolâtre, — qui courbe soixante millions d'hommes sous les méprisables décisions d'une caricature de synode, présidée par un *capitaine aux gardes!* Enfin, peut-on, ne fût-ce qu'un instant, rapprocher, comme comparables, le pays des bons et savants pasteurs que nous voyons, de moins en moins hétérodoxes, et comme attirés vers la France par les croyances religieuses où ils inclinent, se convertir l'un après l'autre, à la suite de M. Newman, — et celui des popes ignorants et féroces, impurs bourreaux de Macréna !

IX.

Mais quoi (se dit peut-être, à part lui, tel de vos abonnés qui a bien voulu rester attentif à cet important parallèle), faut-il absolument opter? Ne saurait-on trouver de parti convenable à prendre, sans se jeter dans les bras de l'un ou de l'autre colosse?

Cette seconde lettre, messieurs, étant, je crois, assez longue, l'interlocuteur permettra qu'on ne lui réponde que dans une troisième.

Troisième Lettre.

28 Janvier 1847.

Messieurs,

Nous en sommes restés à jeter les yeux sur la mappemonde, pour tâcher de voir s'il existe, quelque part, d'autres forces, capables de soutenir la France, dans une guerre où elle jouerait son va-tout, que les deux puissances dont la position culminante méritait que l'on s'occupât d'abord de leur comparaison.

I.

Impossible de considérer comme une sérieuse et suffisante auxiliaire, même dans quinze ou vingt ans d'ici, l'Europe méridionale. Sympathiques envers nous, sans doute, et mieux faites pour se joindre à notre belle patrie qu'à ses ennemis, mais hors d'état de supporter un choc tel que celui dont il s'agit, — ni l'Espagne, si dépeuplée, ni l'Italie, si étroite et si vulnérable, ne pourraient en pareil cas, (leur convalescence fût-elle plus avancée qu'aujourd'hui,) nous être d'une utilité décisive. Les secours à en tirer, au besoin, ne seraient pas à dédaigner ; mais ils ne doivent figurer sur la liste de nos ressources éventuelles, qu'à titre d'accessoire et d'appoint.

Restent deux groupes humains importants : les Anglo - Américains et les Allemands, — Observons, messieurs, que tout finit là. Il n'y en a plus d'autres, sur la terre, qui soient animés d'une vitalité robuste, et qui puissent, sans se rompre à l'instant, soutenir une *charge à fond*.

II.

Or, si les Etats - Unis sont redoutables, et si on ne les brave pas en vain, c'est chez eux ou dans leur voisinage. De jour en jour plus populeux, plus riches, plus fiers, plus impérieux même, ils ont un avenir superbe, je l'avoue. Mais que l'on ne s'y trompe pas : cet avenir regarde uniquement leur hémisphère. Autant ils s'opposeront à laisser quelque race que ce soit, européenne, américaine ou mixte, rivaliser avec eux sur le continent découvert par Colomb, autant ils sont peu disposés à venir dans le nôtre, batailler follement pour des causes à eux étrangères.

C'est bien mal connaître ces républicains — citoyens intelligents, libéraux, énergiques, mais calculateurs positifs, ultrà - positifs ; — ces hommes chez qui, par suite de l'absence de traditions hautes et *généreuses* [1], et d'après le vide complet où ils sont de souvenirs chevaleresques, n'existe pas la moindre idée d'élan, de désintéressement national et de dévouement pour autrui ; ces travailleurs, probes en général, mais qui mériteraient un véritable *brevet de perfectionnement* pour avoir raffiné, étendu, appliqué à toutes choses, leur égoïsme héréditaire, — lequel, à sa source, admettait encore des exceptions, (comme on le voit dans la Grande-Bretagne, grâce à l'influence de familles distinguées, où palpite un reste de l'honneur antique) ; — c'est bien mal connaître les Anglo - Américains, messieurs, que de les supposer capables de s'en venir, soit pour quelque avantage problématique et lointain, soit, à plus forte raison, pour des théories de justice ou pour des sympathies envers des opprimés, se mêler des querelles du Vieux Monde : eux qui n'ont pas seulement daigné, dans les circonstances les plus opportunes, les plus séduisantes, se lancer à la conquête du Canada, situé cependant à leurs portes ; tant ils savent la valeur de l'argent et du sang, dont ils ne font dépense qu'à propos ! — Certes, ils sont trop négociants, dans toutes les acceptions du terme, pour se décider jamais à aucune opération politique qui ne soit pas une *bonne affaire*.

[1] *Generosus*, de *genus*, race, famille. Un coursier généreux, c'est-à-dire un cheval de race.

Lorsque d'ailleurs, oubliant tout cela, on voudrait naïvement les croire gens à s'enflammer quelque jour d'un beau zèle, et à s'armer pour le maintien de notre indépendance parce que nous avons créé la leur : eh bien, dans cette hypothèse encore, qu'attendre d'eux, en fait d'efforts, qui fût capable de nous sauver, au moment d'une crise de premier ordre ? Eux, qui ne pourraient qu'avec peine, et au moyen de bâtiments innombrables, soit à vapeur, soit bons voiliers, faire passer l'Atlantique à leurs troupes, ils ne les ont pas même, ces troupes ; ils manquent d'une armée proprement dite. Car l'état militaire, en tant que profession, leur est à peu près inconnu. Marins bien plutôt que soldats, ils ne considèrent la guerre *à pied sec* que comme une chose transitoire, aux nécessités de laquelle ont suffi jusqu'à présent pour eux leurs gardes civiques, avec quelques régiments d'enrôlés.

Ainsi, et même en admettant la plus romanesque supposition, les Etats-Unis ne pourraient vraiment nous aider qu'à gagner des batailles navales : sortes de victoires utiles contre l'Angleterre, mais d'une médiocre importance contre la Russie. — Quant à un débarquement en notre faveur, dans le cas de lutte avec cette gigantesque puissance, il ne serait pas moins insignifiant. Se représente-t-on bien, en face des huit cents mille baïonnettes du Czar, de quelle valeur serait, comme assistance, l'envoi chétif de cinq ou six milliers d'hommes, empruntés aux milices américaines !

Il n'y a donc plus à examiner que la dernière ressource indiquée : celle que présentent les sujets des princes allemands.

III.

Au moins, celle-ci n'est point imaginaire. Il y a enfin là quelque chose de sérieux, une force réelle, une possibilité de point d'appui.

Ah ! si toutes sortes de causes, — notamment, comme nous l'avons dit, la criminelle intervention, tantôt sourde, tantôt patente, des hommes d'Etat qui dirigèrent longtemps dans un sens machiavélique, sous les Valois et les Bourbons, la politique de la France ; — si toutes sortes de causes n'eussent pas énervé, en la divisant, la grande famille germanique ; si l'Allemagne, comme autrefois, — comme avant les déchirements produits par les sectaires révoltés et par leurs complices d'Occident, — formait encore, malgré ses diversités internes, un seul corps de nation : on sentirait, sous forme d'espérance, et non sous forme de regret, la pleine valeur de l'élément tudesque.

Frère de l'élément gaulois, l'élément tudesque se présente déjà comme son associé, loin, bien loin dans la nuit des âges; et chacun sait qu'il y a deux mille ans, sans les talents extraordinaires d'un homme tel que Marius, la dure et cupide tyrannie que Rome païenne faisait peser sur le monde, allait être brisée, comment? par l'effort simultané des *Cimbres* et des *Teutons*.

Plus tard, marchant de front sous un grand homme, qui les satisfit l'un et l'autre, ils eurent, entre Rhin et Meuse, une seule et même capitale. Aix-la-Chapelle lançait des ordres qui rencontraient obéissance des Pyrénées aux monts Krapacks. Et Rome, qui, devenue chrétienne, constituée le siége des successeurs du prince des Apôtres, avait survécu par sa prééminence religieuse, à son abaissement politique; Rome, demeurée le centre de la civilisation, mais d'une civilisation qui n'était plus, comme avant la Croix, le simple vernis de tous les vices; Rome trouvait dans ces deux peuples associés un appui si ferme et si noblement sincère, qu'elle relevait en leur faveur sa vieille couronne augustale, et que c'est à eux en commun, dans la personne du souverain des Francs, qu'elle décernait les honneurs de l'*Empire*.

Braves tous deux, ils sont aussi, tous deux, éminemment sociables, quoique sous des formes différentes. Au fond, c'est en eux, réunis, que consiste le noyau, la moëlle de l'Europe. Et si l'on excepte de ses dynasties (moins encore comme situées à ses limites que comme étrangères à ses habitudes) les familles d'Othman et de Romanoff, c'est le sang des Franco-Germains qui règne assis sur tous ses trônes.

Leurs deux génies, d'ailleurs, se complétant par l'un l'autre, sont faits pour agir de concert. L'un est nébuleux, mais spéculatif; l'autre, moins profond, mais plus clair. Qu'ils mettent ensemble la main sur une idée : cette idée fera son chemin.

Seuls, dans cette partie du monde, depuis que les nations méridionales se sont endormies, et que les Slaves catholiques ont perdu ou leur sève [1] ou leur indépendance [2], les Allemands et les Français, malgré les écarts dont il y a lieu de les accuser, ont la gloire d'avoir maintenu en pleine activité le culte de l'intelligence; de l'intelligence restée libre et métaphysique, point servile et point marchande; de l'intelligence encore fière, non muette devant l'oppression; de l'intelligence encore pure, non descendue au rôle utilitaire. Seuls en Europe, ils ont montré jusqu'à ces derniers temps, par leurs actes, qu'ils savaient conserver entièrement la notion des droits et des devoirs, sans se restreindre au cercle tracé par la me-

[1] Comme en Bohême.   [2] Comme en Pologne.

nace, ni s'emprisonner dans la sphère assignée par les intérêts.

Mais, séparés, ils n'empêchent pas *le fer* ou *l'or* de prévaloir. S'ils se liguaient indissolublement, ce qui prendrait le premier rang, ce serait *la pensée*.

A eux donc il appartiendrait, comme à deux Atlas, de se charger ensemble du poids des principes qui font l'honneur de l'humanité. Et si, désabusée de la peur où on l'entretient, de se voir reprendre par nous les provinces rhénanes, la nation germanique voulait, d'une volonté forte et loyale, s'allier à notre nation, tout en lui restant dissemblable : alors, comme deux compagnons adossés, qui tournent chacun leur épée d'un côté différent, et font face de part et d'autre à l'ennemi, l'Allemand et le Français, forts de leur union, pourraient repousser à la fois la domination des écus et celle du knout. Et le palladium du genre humain, le trésor des hautes conceptions et des sentiments sublimes, ne risquerait plus de tomber au pouvoir de Barbares qui le foulassent aux pieds un jour..., porté qu'il serait sur les héroïques épaules des deux peuples de Charlemagne.

IV.

Que faudrait-il pour qu'une si désirable alliance atteignît son but ? et avant tout, pour qu'elle devînt possible ?

C'est ce qui nous reste à étudier, en continuant de ne voir les choses *que comme elles sont*, et de faire bonne guerre à toutes les chimères.

Quatrième et dernière Lettre.

30 Janvier 1847.

Messieurs,

Pour que l'alliance dont nous avons parlé en dernier lieu fût efficace, et réalisât les avantages qu'on aurait besoin de lui voir produire, il ne suffirait pas qu'elle fût très-sincère et très-chaude ; il faudrait qu'elle embrassât la totalité des deux races dont il s'agit.

I.

Dès l'époque de la guerre de Sept Ans, quoique l'Angleterre et la Russie n'eussent encore que la moitié, — ou tout au plus les deux tiers, — de leurs moyens d'action d'aujourd'hui, on avait compris qu'il fallait les diviser, en se joignant à l'une d'elles ; que RÉSISTER A CES DEUX PUISSANCES RÉUNIES était une tâche trop laborieuse pour notre pays, appuyé pourtant et de l'Espagne d'alors, qui possédait une belle marine, et de toutes les forces de la maison d'Autriche [1]. Au XIXe siècle de même, Napoléon, si bien ancré, — Napoléon maître de l'Italie, et devenu, sous son *titre de protecteur de la Confédération du Rhin*, l'arbitre effectif des résolutions de la moitié de l'Allemagne, — n'osa pourtant aller attaquer la Russie chez elle, qu'après qu'autorisé par la victoire à commander dans Vienne et dans Berlin, il put se faire appuyer des deux grandes monarchies teutonnes, en leur empruntant des troupes auxiliaires qui prissent part à son invasion du Nord.

Ce ne serait donc pas assez d'avoir avec soi, en cas de lutte, les puissances germaniques secondaires. Et dans le fait, comme les deux branches de l'arbre carlovingien ne forment ensemble, qu'environ soixante et dix millions d'hommes, c'est-à-dire ne dépassent guère le nombre des Slaves dont le Czar disposera bientôt à lui tout seul, — on voit que la Moscovie, aidée de la Grande-Bretagne, ne pourrait être combattue avec des masses un peu égales, que si, aux habitants des deux péninsules romanes [2], se joignaient, d'une part, toutes les populations françaises, Savoisiens et Belges comptés, et de l'autre, toutes les populations allemandes, y compris les Hollandais et les Suisses.

II.

Pour amener l'ordre de choses d'où sortirait le salut européen, il nous faut par conséquent, messieurs,

Non seulement abjurer d'abord nos projets chéris sur les provinces rhénanes, pays octroyé par la langue, les mœurs et les souvenirs, à la nation germaine, — laquelle y tient, et ne veut plus, pour aucun prix, se dessaisir de cette partie de son vieux sol;

Non seulement (ce qui sera long) persuader à tous les chefs, à tous les organes du germanisme, que l'abandon de nos prétentions, à cet égard, est véritable et sans retour;

Mais découvrir une manière de rallier à notre cause, — outre les petits Etats, dont l'adhésion serait insuffisante, — qui? la Prusse et l'Autriche : deux puissances que la Russie a su s'attacher, depuis bientôt quatre-vingts ans, par les caresses, par la peur, — par le plus terrible surtout des nœuds, par la complicité dans un crime.

Et quand cela serait obtenu, il faudrait aussi trouver moyen de

---

[1] Si la cause française, bien étayée alors, et en outre devenue juste, ne triompha pas, il faut s'en prendre et aux intrigues de boudoir qui gouvernaient Versailles, et surtout à l'étonnant génie de Frédéric II, le plus grand homme de guerre de son époque. Il n'existe plus de pareils aigles pour arrêter le vol des Russes.

[2] L'Espagne et l'Italie.

satisfaire les intérêts d'argent, pour qu'ils ne vinssent pas déranger l'œuvre d'union politique. Car, ici, une rivalité industrielle se dresse en face de nous, tout comme du côté de l'Angleterre ; et les exigences mercantiles dont nous avons à souffrir au profit de Liverpool et de Birmingham, nous en rencontrerions l'équivalent, messieurs, de la part du Zollverein [1].

III.

C'est dire que notre patrie, quoi qu'elle fasse, n'est pas sur le point de pouvoir conclure, avec la race tudesque toute entière,. cette grande et décisive alliance qui nous affranchirait. S'il est vrai que tel est le pacte auquel nous devons aspirer, et si l'on peut dire que nos hommes d'Etat se montreront d'autant plus habiles qu'ils y viseront davantage : nous ne sommes pas moins réduits à ne l'apercevoir qu'en perspective, — jusqu'à ce que la Providence l'ait préparé, l'ait rendu praticable, par des fusions, matérielles et morales, bien éloignées encore.

Ainsi ramené au point de départ, après d'inutiles recherches, l'investigateur est définitivement contraint de reconnaître, non sans douleur, que nous n'avons à présent devant nous rien d'effectif, — en dehors de l'attitude solitaire, — sinon l'alternative de nous unir à l'Angleterre ou à la Russie.

Or, comme l'alliance russe (vous l'avez vu, messieurs), est un piége qui cache à la fois honte et péril, il ne reste, pour la France, que deux partis, — que deux avec lesquels l'honneur soit sauf : — l'alliance anglaise, ou l'isolement.

IV.

« Fi donc ! » vient me crier un moqueur. « Savez-vous que c'est là tomber dans la théorie du *Journal des Débats !* dans les termes mêmes qu'il emploie ! »

— Ah ! le *Journal des Débats* dit cela..? Eh bien, en cela, il a raison.

Quand voudra-t-on, messieurs, dans les rangs des hommes sensés, prendre à la fin l'habitude d'admettre ou de rejeter une chose d'après la nature des preuves, au lieu d'en juger par le nom des feuilles qui l'articulent ou qui la nient !

Je n'ignore pas tout ce qu'on a coutume de reprocher à ce puissant organe de publicité ; tout ce que des yeux exercés y découvrent, en effet, par intervalles, qui rappelle ou les malignités historiques de Ferney, ou les doctrines des économistes de Ménil-Montant, ou les implacables haines de Port-Royal et de Saint-Mé-

---

[1] *Zollverein*, union douanière des Etats germaniques.

dard. Je sais, comme d'autres, qu'une feuille rivale, pétillante d'esprit, — une feuille qui, sans être religieuse, vengeait parfois la Religion (et le faisait durement, parce que les gens du monde sont plus sévères que les chrétiens), — a pu dire, avec un cruel bonheur d'expression : « Le *Journal des Débats* est devenu l'alliance du reste des Voltairiens avec le reste des Saint-Simoniens et le reste des Jansénistes. »

Mais tel combattant bien armé n'est pas toujours sans force, messieurs, pour avoir un talon d'Achille, — ni même pour en avoir trois.

Celui-ci possède en propre des avantages peu contestables. Riche, et par conséquent bien servi ; calme, et ne marchant que sur des terrains sondés par ses explorateurs ; cuirassé d'un ancien crédit, qu'il ménage en ne l'exposant pas aux coups hors de nécessité, — il ne s'avance qu'à bon escient, il connaît la portée des termes. Justes ou non, ses manifestations ont conservé de l'importance, parce qu'il n'agit jamais en étourneau, n'emploie pas un mot pour un autre..., et parce que les gens sont rares, en ce bas monde, qui savent constamment ce qu'ils *veulent* et ce qu'ils *disent*. Lui, s'il n'entend rien aux choses du Ciel, dont mieux vaudrait que l'envie ne lui prît jamais de parler, il a, dans les choses de la terre, un sens pratique très-remarquable. Il peut prétendre à la réputation de *prudence humaine*, et ce n'est pas d'habileté qu'on l'a jamais accusé de manquer.

D'ailleurs, ceci est superflu ; rien ne m'oblige à embrasser la défense de toute feuille avec les idées de laquelle se trouvent coïncider quelques points du système que je développe. Qui étudie la vérité pour elle-même, la signale partout où elle existe.

Ce n'est point parce que les *Débats* l'ont dit, — c'est parce que la nature des choses le décide, — que les seules voies honorables laissées au choix de la France, quant à présent, se réduisent à deux. Avant d'en venir à pareille affirmation, nous avons pesé toutes les réalités : chacun a pu vérifier qu'elles ne fournissaient pas d'autres ressources. A moins qu'on ne nous fasse un tort d'avoir négligé les Persans, les Brésiliens, les Chinois (et pourquoi pas les Hottentots?), il n'y a rien que nous ayons omis. Tout ce que la terre renferme de forces capables d'aider notre pays, on les a passées avec nous en revue ; or, nous ne sommes pas des Cyrano, pour en aller chercher dans la lune.

V.

L'alliance anglaise ou l'isolement. On ne change pas à son gré les oracles de la Destinée.

L'alliance anglaise ou l'isolement. Entre les deux, je ne prononcerai point... La dignité a par moments ses conseils, comme la sagesse les siens. Et, à ce propos, l'équité commande de dire que précisément à l'heure où nous sommes, le Gouvernement paraît le sentir.

L'alliance anglaise ou l'isolement. A ces deux partis correspondent des désavantages divers. Il ne faudrait pas que, frappé des inconvénients du premier, on se figurât que le second en est exempt. C'est à une époque où nous l'avions adopté (en y joignant, il est vrai, de l'indécision, défaut politique toujours fâcheux), qu'il nous est arrivé de perdre l'un des plus précieux fleurons qui nous restât de la couronne de gloire de nos pères : notre préséance chez les chrétiens orientaux, notre vieux droit de protectorat en Syrie, et ce respect héréditaire dont les Lévantins, par un ensemble de souvenirs qui remontait à plus de six cents ans, n'avaient point cessé d'environner le nom français.

Lorsqu'au milieu de rixes violentes, qu'en passant il avait cherché à pacifier par de bons avis, se trouve compromis un homme jadis robuste, mais déjà mûr, et ne paraissant avoir conservé qu'en partie sa force d'autrefois, — on se porte plus volontiers à l'insulter *s'il ne donne le bras à personne.*

VI.

Et puisque nous en sommes là, il est peut-être bon de continuer un peu l'allégorie. Sous une forme familière, elle rendra la question plus accessible à tous les esprits.

Vous avez lu, messieurs, votre La Fontaine, et vous connaissez l'épouse, estimable mais acariâtre, qui faisait enrager Belphégor au point de transformer par moments en un enfer le ménage de ce *pauvre diable.* Vous avez vu figurer, d'une autre part, dans les fastes de la justice criminelle, une femme bien différente, à caractère doux et complaisant : cette héroïne du Glandier qui lavait les pieds de son mari.

L'homme âgé dont nous venons de parler, est seul et quelquefois souffrant ; les indices de faiblesse qu'il surprend en soi par intervalles, l'avertissent de songer à l'avenir. Or, ses gens lui obéissent assez mal, et, comme il n'a pas une fortune qui lui permette de se donner un intendant, les étrangers, par la suite, pourront bien dominer chez lui. Il manque d'un second lui-même, qui, l'aidant à tenir sa maison, y apportant et une dot, et des règles de commandement dans la création desquelles il ait voix, fasse succéder à sa libre solitude une société domestique, plus ou moins astreignante, mais utile ; vienne doubler, à ce prix, sa consistance, son aisance, sa sécurité, et lui garantisse des soins achetés par diverses gênes.

Pour cela, il lui faudrait une compagne aimable et d'heureux caractère, vers qui son affection l'inclinât. Par malheur, une telle femme n'existe pas à sa portée, ne se trouve point parmi celles qu'il peut obtenir. Il ne s'offre à lui que deux partis conjugaux : Made. La Farge et Made. Honesta.

Qu'il avise, d'abord, à ne pas s'enchevêtrer dans les liens de la première.

Mais, une fois hors de ce péril, reste à savoir ce qu'il aura de plus sage à faire. Est-ce de garder le célibat, de peur des inégalités et des gronderies de la seconde? Est-ce au contraire, de passer outre, et de contracter avec elle un mariage de raison?

La question vaut la peine qu'on y songe.

Or ce problême, posé au vieux garçon, il se présente à nous; il est à résoudre maintenant par le royaume de France.

VII.

Certes, comme dit le bon La Fontaine (homme amoureux de son repos, s'il en fut, et disposé à se le procurer par une insouciance qui, sans les bons amis qu'il possédait, aurait pu le mener très-loin),

<blockquote>N'épousons point d'Honesta s'il se peut.</blockquote>

Mais s'il ne se peut pas, c'est-à-dire, si le besoin d'un hymen quelconque se faisant sentir, les avantages du rapprochement dont il s'agit en surpassent les inconvénients, — alors épousons-la. Et, comme il ne faut rien faire à demi, sachons, dans ce cas, au lieu de geindre, nous résigner de bonne grâce aux contrariétés inséparables de la chose; montrons de l'égalité d'âme, et consolons-nous en répétant avec le fabuliste lui-même :

<blockquote>N'a pas encore une Honesta qui veut.</blockquote>

VIII.

Non, à coup sûr, non, lorsqu'on a cessé d'être assez fort pour se pouvoir passer d'appui, on ne rencontre pas fréquemment ce qui nous est encore laissé : une assistance aussi tolérable, un soutien dont les exigences soient entourées de formes si peu choquantes. Telle n'était pas la position de l'empire romain vieilli, lorsqu'il avait aussi à diviser ses adversaires, dont le poids réuni l'eût accablé. Les Barbares qui lui vendaient leur secours contre d'autres Barbares, se le faisaient payer plus cher, et n'observaient pas à son égard une pareille convenance de procédés. Surtout, ils n'éprouvaient jamais pour lui de mouvements de bienveillance, comme les Anglais nous en montrent souvent.

En dépit des préjugés communs, j'ai soutenu, messieurs, que l'Angleterre, depuis 1830, ne mérite point, par sa conduite envers nous, l'accusation de perfidie : ce n'était pas dire assez. Elle nous a donné plusieurs preuves d'un commencement d'amitié, très-étonnant d'après ses antécédents et les nôtres ; amitié faible et naissante, mais néanmoins déjà réelle.

Il y a peu de compréhension, vraiment, à se préoccuper de restes d'antipathies nationales, bien simples après tant de guerres. Rien ne s'opère que par transitions, le sage ne l'ignore point ; dès lors, il attend sans impatience la fin prochaine d'effets qui ont survécu à leur cause. Les dispositions qui s'établissent à notre égard, parmi les hautes classes et les esprits distingués, au delà du Détroit, veut-on donc que, pendant la durée d'une seule génération, elles aient déjà gagné tous les rangs du peuple? Est-il si difficile de sentir que les vieux marins de Nelson nous feront toujours la grimace, — comme les vieux grenadiers de Napoléon ne se prêteront jamais sans peine à donner aux Anglais une poignée de main ? — Mais la tombe s'ouvrira bientôt, on le sait, pour les boudeurs de Trafalgar et pour les *grognards* d'Austerlitz.

Non moins injuste est la responsabilité qu'on imagine de faire peser sur l'Angleterre, au sujet de ses prédicants : bavards et remuants apôtres, qui pullulent dans son sein, — qui, au dehors, font de sa langue l'idiôme de l'intrigue et celui d'un christianisme de pacotille, — mais personnages qui s'agitent pour leur compte, et dont elle ne se porte aucunement solidaire. La tribune d'Exeter-Hall n'est point le cabinet de Saint-James.

Pourquoi donc fermer les yeux sur les témoignages qu'à diverses reprises, dans ces quinze dernières années, les Anglais nous ont donnés de leur bon vouloir, de leur estime, et, comme ils disent, de leur *respect* [1]?

Certes, les avances, lorsqu'il y en a eu, ont été de leur part ; et, dans l'échange des civilités, c'est eux qui nous ont constitués leurs débiteurs.

Aurions-nous fait à lord Wellington, s'il fût venu chez nous en ambassade extraordinaire, l'accueil que, lors du sacre de Victoria, ils ont fait au maréchal Soult ?

Aurions-nous reçu Georges IV comme ils ont reçu Louis-Philippe ? Et le corps municipal de Paris se fût-il transporté à dix lieues pour l'y aller complimenter, — comme la chose a eu lieu volon-

---

[1] Le mot de *respect*, plus faible chez les Anglais que chez nous, ne place pas en état d'infériorité celui qui s'en sert parmi eux. Dans leur langue, ce terme, demeuré plus conforme que dans la nôtre à l'étymologie (*respicere* regarder), ne veut dire que considération ou égard.

taircment de la part des aldermen de Londres, qui n'avaient rien fait de semblable pour l'empereur Nicolas?

Nos officiers, dans des toasts, iraient-ils jamais jusqu'à former le vœu du progrès des armes britanniques dans l'Inde, et de l'assimilation de l'Asie aux mœurs et à la langue de son rivaux insulaires, — comme des généraux anglais, au fameux banquet de Portsmouth, ont bu à la future civilisation de l'Afrique par nos conquêtes?

Puisque ces éclatants exemples ne peuvent pas être niés, abstenons-nous du moins de méconnaitre les actes d'une courtoisie à laquelle nous n'avons pas encore le courage de répondre. — Nos journaux nous prêchent, en pareilles circonstances, la rudesse, l'impolitesse, l'absence de réciprocité ; et nous avons la bonhommie de penser que ces airs de mauvaise humeur nous grandissent infiniment. Je crois que c'est une pauvre idée. La dignité patriotique a de meilleurs moyens de se manifester ; il n'y a rien de noble dans l'ingratitude.

IX.

Sans donc descendre à des courbettes envers personne ; sans renoncer ni au droit D'AGIR SEULS quand il y va de notre honneur, ni à celui d'attendre des excuses lorsqu'un étourdi nous aura marché sur le pied, — il faut conclure de tout ceci :

Qu'en général, et sauf des altercations passagères, — comme les épisodes Palmerston (dont l'attitude ferme qu'on a prise contribuera plutôt à empêcher qu'à produire le renouvellement), — nous pouvons entrer dans l'alliance britannique avec beaucoup moins d'appréhension de disputes et d'ennuis qu'on ne prétend ; avec beaucoup moins de sacrifices qu'on ne dit, même en fait de simple amour-propre.

Et quand, les yeux fixés sur l'avenir, des hommes clairvoyants nous conseilleront, dans un semblable *mariage*, de faire, au besoin, pour l'intérêt sacré des droits de la conscience et de l'intelligence en Europe, quelques-unes de ces concessions que journellement, pour l'intérêt de leurs enfants, des parents se font dans un ménage, — où, sur les choses secondaires, *c'est*, en cas d'obstination, *le plus raisonnable qui doit céder :* — ne méprisons pas trop leurs avis, messieurs. Ne nous hâtons pas de nommer pusillanimité ce qui pourrait bien n'être qu'énergie interne ; que judicieuse répression de premiers mouvements aveugles, de velléités intempestives, dont il appartient à la force morale de triompher,

Et si tel avait été, foncièrement, le sens du système suivi quant à l'Angleterre par la monarchie de Juillet ; s'il fallait expliquer ainsi un certain ensemble de direction, au lieu de s'évertuer à en chercher ailleurs les motifs : — alors n'y aurait-il pas vérité, quoi qu'on en puisse dire, à juger que ce n'est point là le côté par où la *pensée du règne* pourra, comme toute chose humaine, donner prise dans l'avenir à la critique des historiens ?

X.

Il est temps, Messieurs, de finir.

Dans ce tableau, formé de traits empruntés presque tous à votre journal, et dont les couleurs ne sont que les vôtres, seulement peut-être un peu plus distinctes, — bien des choses n'ont pu trouver place. Vos lecteurs y suppléeront par leurs propres réflexions.

Pour justes que soient, à mes yeux, et les principes d'où je suis parti et les conséquences qui en sortent, Dieu me garde de rien affirmer en prophète ! Les événements ne suivent pas toujours une marche rigoureusement logique, et l'expérience doit nous enseigner à réserver la part de l'imprévu.

Combien le cours des affaires du monde ne fut-il pas changé, jadis, par la conversion de Clovis, par la fuite de Mahomet, ou par l'invasion de la peste noire !

Quelque principe qui vienne à dominer sur la terre, le Tout-Puissant règne au ciel, et nous ignorons ses secrets.

Bien que cet arbitre suprême, voulant laisser carrière à la patience, au mérite, au martyre, soit loin de donner ici-bas victoire à toutes les vérités et à toutes les vertus, — il y a chance heureuse, néanmoins, il y a probabilité de succès pour les nations, à servir la cause de son Eglise, qui ne doit jamais succomber. Puisse la France, comme vous l'avez dit, messieurs, entrer hardiment dans cette voie ! Puisse-t-elle ne se point lasser de couvrir de son patronage ROME, LA FOI, LA PENSÉE, LA JUSTICE, ET TOUS LES PEUPLES MALHEUREUX ! Que leur défense soit sa devise, et devienne, à travers les combats et les orages, l'étoile même de son espérance ! Dût son navire être menacé de sombrer comme le *Vengeur*..., qu'elle ose clouer à son mât deux pavillons impérissables : celui de la pleine et vraie religion, celui de la pleine et vraie liberté !

D.

RÉFLEXIONS

DU JOURNAL

L'ESPÉRANCE,

SUR LES LETTRES PRÉCÉDENTES.

S'il ne nous appartient pas de louer les remarquables articles de *politique générale*, publiés dans l'*Espérance* des 19, 23, 28 et 30 janvier, encore moins nous conviendrait-il d'en entreprendre la critique. Outre le respect que nous avons pour la personne et en général pour les idées de leur auteur, ces idées sont presque toutes, sous le rapport de la marche à suivre dans les circonstances actuelles, trop conformes à nos pensées propres, pour qu'il nous prenne fantaisie d'en essayer la réfutation. Car, à moins de tomber dans le travers, qui s'appelle l'*esprit de contradiction*, — et ce travers n'est point le nôtre, — on ne réfute pas ce que l'on croit vrai, on ne fait pas la guerre à ce que l'on trouve bon. Or, nous jugeons bon et vrai l'ensemble de la politique développée dans les articles en question.

Quelle que soit cependant notre conviction à cet égard, et quelque soin qu'ait mis notre honorable correspondant à emprunter, comme il le dit lui-même, « nos couleurs, » — désireux qu'il était de compléter et non de combattre les aperçus de l'*Espérance*, — celle-ci s'exposerait peut-être à encourir, sur quelques points particuliers, le reproche de légéreté ou même de contradiction, si, à son tour, elle ne reprenait la parole. La conclusion de la quatrième lettre est, en effet, sous forme d'allégorie, trop clairement favorable à l'alliance anglaise, et nous avons nous mêmes trop souvent signalé les déceptions de l'entente cordiale, pour que le moment ne soit pas venu de dire à cet égard notre dernier mot.

I.

Lorsque, dans un moment de franchise, mais, à notre avis, de franchise imprudente, le *Journal des Débats* laissa tomber cette parole, déjà tristement fameuse : « l'alliance anglaise ou l'isolement, » mettant ainsi avec laconisme le bilan de la France sous les yeux de l'Europe et du monde,—il nous sembla (et nous en fîmes la remarque), que le principal organe du gouvernement français venait de proclamer une de ces vérités *qui ne sont pas toujours bonnes à dire*. De la part de toute autre feuille, la chose pouvait passer inaperçue ; mais on sait, en fait de politique étrangère, quel retentissement ont en Europe les articles des *Débats* ; et, à cause de cela précisément, nous n'avons jamais compris, nous ne comprenons pas encore, quelle utilité il pouvait y avoir à nous acculer ainsi nous-mêmes au pied du mur ; à nous constituer, à la face des autres nations, dans un état d'infériorité qui, provisoirement trop réel, n'est pas cependant, Dieu merci, l'état normal de la France, même de la France après ses revers.

L'alliance anglaise, on le sait, n'a jamais rencontré en nous d'adversaires systématiques ; et, quoique nous pensions avoir mieux à faire que de poursuivre, pour l'avenir, la consolidation de cette alliance fort compromise, nous savons reconnaître, à côté de bien des déboires, le service principal qu'elle nous a rendu dans le passé. C'est à l'Angleterre, ne l'oublions pas, c'est à son amitié spontanément offerte après la révolution de Juillet, que nous devons peutêtre d'avoir échappé à l'influence moscovite, et d'être restés purs de tout contact, de toute solidarité, avec ce système despote et brutal qui consiste à toujours prendre, à toujours opprimer, sans s'inquiéter jamais de savoir si la prise est juste, ou si quelque haute raison d'État rend au moins l'oppression excusable.

II.

C'est assez dire qu'en fait d'alliance russe, nous n'avons rien à ajouter au tableau expressif et vrai qu'en a tracé notre correspondant. Nous partageons, à cet égard, toutes ses convictions, toutes ses répugnances, tous ses scrupules ; et nous soutenons, avec lui, que le pire danger, que la pire honte pour notre pays, serait d'aller porter ses hommages aux égorgeurs de la Pologne ; d'aller se jeter entre les bras du colosse qui, après s'être servi de nous comme d'exécuteurs de ses hautes et basses œuvres, comme d'agents dociles de sa politique d'étouffement, nous ferait payer cher un jour, en nous étouffant après les autres, notre condescendance imprudente, notre participation criminelle à ses sanguinaires succès.

Si donc nous regardons du côté de la Russie, que ce soit pour nous en méfier. L'empire du monde n'est-il pas son rêve? La domination universelle, le but de son ambition? Et quelle part, je vous prie, peut-il rester au plus faible, lorsque la volonté du plus fort est de tout absorber?

III.

Tournons plutôt les yeux vers l'Allemagne, car notre avenir est là ; avenir de prospérité matérielle, avenir aussi de probité et d'honneur. On ne le nie pas : bien au contraire; on voudrait, sauf la différence des temps, refaire l'œuvre de Charlemagne ; on nous montre avec autant de poésie que de justesse, avec un rare bonheur d'expressions, ces deux peuples assis dos à dos sur la frontière qui les sépare, combattant sans se regarder, mais combattant instinctivement pour le triomphe d'une idée commune, pour la civilisation et la liberté, contre le fer et contre l'or. Appuyé derrière lui sur la France, — sur la France qui ne reculera pas, — l'Allemand, faisant tête à la Russie, refoule la force brutale vers son berceau : et, de même, appuyé sur l'Allemagne, — sur l'Allemagne qui, de son côté, tient bon, — le Français regarde l'Angleterre ; il repousse loin du continent les séductions dont elle dispose. Alliance admirable et, cette fois, vraiment sainte, à laquelle on ne saurait trouver aucune autre union comparable !

IV.

Mais on nous fait tristement observer que l'alliance dont on parle n'est pas mûre, et que le défaut de cohésion des peuples germaniques la laisse, pour le présent, à l'état d'utopie. Il n'est possible de s'appuyer que sur ce qui résiste; or quelle résistance, quel point d'appui peut maintenant nous offrir l'Allemagne ! Y a-t-il seulement une Allemagne?.....

Remarque juste, il faut l'avouer, et à laquelle on doit, si l'on veut être prudent, subordonner sa conduite; mais remarque dont cependant il ne faut pas s'exagérer l'importance, ce qui n'est point praticable aujourd'hui pouvant le devenir demain. Si l'on croit, (et nous y croyons,) à l'avenir d'une union féconde entre la France et l'Allemagne, — union que, d'un commun accord, on reconnaît être la préférable, — la politique la plus sage à suivre ne sera-t-elle pas, de ce côté du Rhin, celle qui offrira à la fois les chances les plus promptes et les plus sûres à la conclusion du pacte à préparer entre les protecteurs naturels de la civilisation européenne? Oui certes; et ici, deux voies seulement se présentant à notre libre choix, — l'alliance anglaise ou l'isolement, — il s'agit d'examiner où elles aboutissent l'une et l'autre, et laquelle des deux conduit le plus droit vers le but que nous poursuivons.

<h2 style="text-align:center">V.</h2>

C'est uniquement, on le voit, dans ses rapports avec la possibilité future de l'alliance franco-germanique, que nous voulons envisager désormais l'utilité ou les inconvénients de l'alliance anglaise. Celle-ci est-elle de nature à nous mener insensiblement à l'autre, ou bien nous en détourne-t-elle au contraire? Voilà tout.

Nous croyons qu'elle nous en détourne; et même notre opinion arrêtée, invariable, est que plus nous nous approcherons de l'Angleterre, plus nous nous éloignerons de l'Allemagne. Pour rendre cette vérité sensible, nous n'invoquerons, en dehors des intérêts politiques et commerciaux qui la font clairement apercevoir, qu'une seule preuve, mais une preuve, à notre avis, concluante : la voici.

Quel serait, dans l'alliance franco-germanique, le rôle de la France vis-à-vis de l'Angleterre? Ce serait, tout le monde en convient, un rôle éminemment hostile, appelée que se verrait la France à veiller, l'arme au bras, sur la Manche, pour dire aux intérêts britanniques : « On ne passe pas! » Or, comment veut-on que l'Angleterre, qui, en matière d'intérêts, n'a pas l'habitude d'être aveugle, prête elle-même les mains à la réalisation d'un plan qui doit, à ce point, l'entraver? Et, au moment où, dans un accès de colère assurément fort injuste, l'Angleterre vient de nous abandonner, n'y aurait-il pas, de notre part, manque de dignité, de probité même, à briguer de nouveau ses bonnes grâces, lorsque nos efforts les plus actifs, lorsque nos vœux les plus ardents doivent tendre précisément à quoi? à la consolidation, entre les peuples de l'Europe centrale, d'une ligue défensive organisée contre les deux grandes puissances propagandistes, c'est-à-dire contre l'Angleterre elle-même pour moitié?

Ainsi donc il faut opter entre deux partis à prendre, car il n'y en a pas trois. Ou bien il faut une bonne fois renoncer à l'amitié des peuples d'outre-Rhin, et alors se résigner à conclure avec l'Angleterre, jusqu'à prochain motif de divorce, le *mariage de raison* qu'on nous conseille; ou bien au contraire il faut hâter par tous moyens l'époque où l'alliance franco-germanique deviendra réalisable , et, pour cela, commencer par saisir l'occasion toute naturelle qui se présente, non de nous battre contre qui que ce soit, mais de nous détacher, sans regret et sans bruit, d'alliés dont la bonne foi n'est pas, quoi qu'on en puisse prétendre, la vertu dominante, — la *nécessité* étant aussi, suivant la remarque d'un personnage qui les connaît bien, leur habituelle conseillère.

Nous sommes pour le dernier de ces deux partis.

VI.

Mais, dira-t-on, prenez-y garde : c'est l'isolement que vous nous prêchez là, et l'isolement a ses dangers.

Sans doute; mais, en premier lieu, nous pensons que de deux maux, il faut généralement choisir le moindre; qu'il faut, en l'absence du bon, savoir se résigner au passable, et préférer toujours le passable au mauvais.

Et puis, lorsque le moment vient de se résigner à choisir entre deux positions dont ni l'une ni l'autre n'est parfaite, on doit un peu envisager l'avenir, et se demander laquelle des deux offre, avec l'aide du temps, le plus de chance de s'améliorer.

Or, du côté de l'Angleterre, que voyons-nous ? Un gouvernement libéral sans doute, et chez lequel, en politique, nous aurions de bons exemples à puiser ; mais qui, en fait de commerce et d'industrie, plie déjà sous le poids des excès de la liberté, qui regorge de richesses devenues pour lui une source de ruine, et qui, ne sachant plus où trouver dans le monde des débouchés suffisants aux produits de ses gigantesques fabriques, fait payer chèrement son amitié à qui croit avoir besoin d'elle.

Du côté de l'Allemagne, le spectacle est tout différent. Là, nous trouvons , il est vrai, des gouvernements peu sympathiques à nos institutions libérales ; mais cette circonstance, qui fait, par beaucoup d'entre nous autres Français, regarder avec un certain dédain la carte de la Confédération germanique, est celle au contraire qui pourrait rendre aux atômes dispersés de l'élément tudesque, cette cohésion dont il aurait besoin, dont nous aurions besoin aussi, pour qu'une alliance entre la France et l'Allemagne fût vite conclue et devînt féconde. Sous les gouvernements qui oppriment, se trouvent, en effet, des peuples opprimés ; et c'est chez les peuples, — les révolutions le prouvent, — que réside, en fin de compte, la souveraine puissance : tantôt la puissance de la force, et tantôt aussi celle du droit. Eh bien ! portons aux peuples d'outre-Rhin le flambeau de la liberté ; disons-leur, prouvons-leur surtout, que, sans leur envier un pouce de terrain, la France désire pour eux une constitution analogue à la sienne, et qu'elle sera heureuse le jour où, après les avoir aidés à conquérir les droits du citoyen, ils lui donneront en échange de ce magnifique service, tout simplement leur amitié. Sachons, dans notre système protecteur, sans parler de nations plus lointaines, comprendre l'Italie et l'Espagne ; que tout le monde chez nous, peuple et gouvernement, (les Chambres font à celui-ci la partie belle pour cela), que tout le monde pose son ultimatum et sache y demeurer fidèle ; que l'appui à porter aux faibles, — non pas toujours l'appui matériel des armes, mais l'appui moral de la parole, — soit notre préoccupation constante : et vous verrez si l'isolement de la France, cet isolement que l'on redoute, sera réel et de longue durée.

VII.

Concluons.

Deux systèmes sont en présence : entre les deux on connaît notre choix.

Par l'un, il s'agit de rentrer en grâce, en communauté d'action (nous ne disons pas d'intérêts, car ces intérêts sont trop souvent hostiles), avec un gouvernement qui, à l'égard de ses amis surtout, montre parfois d'exorbitantes prétentions ; qui, dans son alliance avec nous, tantôt nous efface et nous opprime, et tantôt consent à nous laisser, aux yeux de l'Europe, le second rang, pourvu que toujours il garde le premier ; qui d'ailleurs favorable, il est vrai, aux progrès de la civilisation générale, se trouve cependant et se trouvera, tous les jours davantage, contraint, par la force des choses, à sacrifier en telle ou telle circonstance la civilisation à l'argent.

L'autre système consiste à nous mettre nous-mêmes à la tête d'un grand mouvement libéral, en achetant, au prix d'un isolement passager, non seulement notre dignité, notre sécurité actuelle, mais l'honneur peut-être de redevenir, et cela plus tôt qu'on ne pense, les sauveurs de la civilisation européenne.

La France, — disent, les larmes aux yeux, des hommes qui aiment la France du plus profond de leurs entrailles, mais qui la jugent en décadence, — est trop dégénérée pour cela : insensible maintenant à l'honneur, elle s'est mise, comme tant d'autres, à adorer le veau d'or, et elle porte le châtiment de son idolâtrie coupable. — Hélas ! il faut bien l'avouer, (car à quoi bon refouler au fond de son âme des vérités qui percent partout), le culte de l'argent a momentanément remplacé dans bien des cœurs, même français, le culte de la gloire. Mais si, après la probité et la valeur, la mobilité semble être toujours le fond de notre caractère, cette mobilité, qui souvent a fait nos malheurs, ne doit-elle pas, en ce moment même, devenir notre consolation, notre espoir ? Et ne peut-on pas compter qu'après avoir bu un instant à la coupe si souvent empoisonnée des jouissances matérielles, qu'après avoir sacrifié à celles-ci ses antiques traditions d'honneur, la France reviendra à l'honneur, comme on revient à un vieil ami ?

Eh bien ! oui : dût-on nous traiter d'utopistes, nous gardons cette espérance. Nous ne l'avons jamais perdue, même au temps des doctrines les plus perverses, des spéculations les plus effrénées, des intrigues les plus honteuses et des plus scandaleux procès ; mais, nous sommes heureux de le dire et de le proclamer bien haut : depuis une semaine, cette espérance a sensiblement grandi dans nos cœurs. Elle a grandi, à la voix de cet orateur de premier ordre, qui a si brillamment inauguré, à la Chambre des pairs, la politique d'isolement respectable et respecté ; de cet orateur qui, après nous avoir, avec une entraînante éloquence, montré notre force dans notre union, dans ce légitime orgueil que tous en France, — tous depuis le premier ministre jusqu'au dernier valet de ferme, — nous éprouvons d'être français, a pu dire, aux applaudissements de l'assemblée, de la presse et du pays unanime :

« La France doit attendre ; attendre avec cette fière confiance
» qu'on éprouve lorsqu'on sait qu'on a la justice de son côté.... Res-
» tons donc isolés, Messieurs ; s'il le faut nous resterons seuls, mais
» seuls avec la justice, avec la bonne foi, avec l'ordre, avec l'hu-
» manité. Quelle glorieuse solitude ! Ou plutôt quelle belle et bonne
» compagnie ! »

C'est là, en effet, se trouver en bonne compagnie ; et, jusqu'à ce qu'on nous en indique une meilleure, nous demandons permission d'y rester.

M. F.

11 Février 1847.

NANCY, IMPRIMERIE DE VAGNER.